ユーモラス&
ミステリアス
シリーズ
3

名取三喜 著

子どもの喜ぶ

日本のおばけ話I

カッパにもらった薬 他

黎明書房

はじめに

　日本人は、世界でもっとも話の好きな国民だといわれてきました。これは、日本にむかしから話の材料が、いかに豊富であったかを、ものがたっています。これらの話を、親や近所のひとびとは、冬の炉端で、夏の夜の縁台で、子どもたちに、おもしろおかしく語りついできました。そうした中で、家庭の温かさ、隣人愛など、日本人の心が自然に子どもたちの心に育っていきました。このごろの家庭では、もっとも素朴な文化の伝達であり、心のかよいあうこうした話の場はまったく失われ、すべてはテレビにまかされ、話材も外国の名作にしぼられてきました。

　この本では、古代から江戸時代にいたる、長い歴史の変化にたえ、今なお残る何千という物語の中から、とくに「おばけの話」だけを選びました。子どもは「おばけの話」が大好きだからです。今さら「おばけの話」なんていう人がいるかもしれません。しかし、日本のこれらの物語には、人間のこわさ、みにくさ、おかしさがしみじみと語られています。それらを、親や教師が読んで聞かせても、子ども自身が読んでも、わかりやすく楽しいように書きあらためました。

名取三喜

もくじ

第一話　ネズミがネコを食う話

サヨは、となり村の親類へ遊びに行った帰り、雑木林《ぞうきばやし》のむせるような若芽《わかめ》の香《か》をかぎながら、暖かい風におくられ、家路《いえじ》をいそいでおりました。

――一日るすにしたので、ミケは首を長くして待っているにちがいない。でも、きょうはミケに食べさせたこともないごちそうを持っている。喜んで食べるようすが早く見たい――

サヨは、胸にかかえているふろしきづつみの中のにおいを、そっとかぎました。ヤマメ、ハヤの焼き魚のにおい。ミケのかわいい、くりくりした目が、サヨの目の前に浮かんできました。

この魚は、

「けさ、おじさんがつってきたばかりのいきのいいもんだよ。ここらのごちそうといえば、なんといったってこれぐらいしかないんだから。」

といって、おばさんがいろりで焼いてくれたものでした。

ところが、サヨはこの魚に、はしをつけず、

「おばさん、悪いけど、これ、つつんでくれませんか。」

といいました。

「おまえ、魚きらいかい。せっかくおじさんがつってきたのに。」

「いいえ、ミケにあげたいんです。」

「おまえがいつかひろってきた、ネコかい？」

「はい。まだこんなにかおりがよく、いきのいい魚を食べさせたことないんです。」

「ばかだねえ、おまえもほんとうにネコかわいがりだよ。おまえ、知ってるかい？　近所の人はね、サヨちゃんもきれいな、いい娘になったけど、あのネコのかわいがりようはふつうではない。ネコにつかれてるんだ。あれじゃ、ムコさんのきてがないって、評判なんだよ。」

「なんといわれても、わたし、ほんとうにミケがかわいいんです。」

「ひとり娘だから、しかたないさ。そのうち好きな人でもできればネコのことなんか忘れるよ。」

おばさんは不服そうにこういいながら、あぶら紙に魚をつつんでくれました。

山道をおりると、たんぼ道です。ケコケコ、コロコロとカエルが、サヨをせかせるように足もとでさわぎたてます。夕やみがせまり、タンポポの花が、小さなあかりをともしたように、サヨの足もとに咲き乱れています。サヨはその花をよけながら、家路をいそぎました。

サヨが「ただいま」といって、玄関の戸をあけたとたん、ニャオと、ミケがサヨの足もとに、からだをすりつけてきました。

「ごめんよ、ミケ。でもきょうはとびきりのごちそうを、持ってきてあげたよ。」

サヨはお勝手《かって》に行って、いそいで紙づつみをとき、魚をミケにあげました。

ミケが七年ほど前、サヨにたんぼでひろわれたときは、背骨もごつごつ見えるほどやせておりました。それが今では、村でも一番の大きなネコになってしまったのです。

村人は、これ以上大きくなると、ばけネコになるぞ、とうわさしていました。また、サヨの両親も、年ごろになったサヨのかわいがりようを見ては、こまった娘だ、となげいておりました。

けれど、サヨは両親の心配や、近所のひとびとのうわさなど、まったく気にせず、自分の食べるものをさいては、ミケにあげていました。ミケもサヨにあまえておりました。

お盆《ぼん》のことです。夕方、縁側で、ミケの毛をサヨがくしですいていると、年とった坊さんが、

「先祖代々《せんぞだいだい》の霊《れい》をなぐさめにきました。ぜひ、お経《きょう》をあげさせてください。」

と、サヨにたのみました。

「わたしひとりではきめかねます。父を呼びますから、ちょっとお待ちください。」

坊さんが、わざわざお経をあげにきてくださったというので、両親も着物を着がえ、ていねいに仏だんの前に案内しました。

坊さんは経がすむと、さっそく帰りじたくをはじめました。サヨの母親は、

「こんなむさくるしいところですが、もしほかに約束でもありませんでしたら、ぜひ家にとまっていただけませんか。」

といいました。

「この村には旅人の宿もなし、これから山を越して、町まではあぶのうございます。」

父親もこういって、引きとめました。

「ありがとうございます。では、おことばにあまえまして。」

サヨはさっそく二階に案内し、とこをとりました。

「どうもありがとう。大きなネコですね。今夜、ばけて出なければいいが。」

坊さんは、サヨのまわりにまといついているミケを見て、不安そうな目をしました。

「いやな坊さん。ミケ、おいで。」

サヨは階段をおりながら、こういってミケを胸にしっかりだきしめました。

ところが、その翌朝のことです。坊さんは二階から、いつまでたってもおりてきません。

——毎日の旅歩き、さぞおつかれになっていることだろう——

母親は気にもとめず、こういいました。

だが、昼になっても、坊さんの起きたようすはありません。

「二階をちょっと見てきておくれ。」

サヨは父親にこういわれたものの、気がすすみません。ゆうべの坊さんのいったことばが気にかかるし、けさからミケの姿が見えないのです。

「サヨ、なに、そわそわしている。早く坊さんのようすを見てきなさい。」

「だって、おとうさん、ミケが……。」

「ミケがどうしたっていうんだ。」

「いなくなったんです。」

「ばけネコの正体見たり、とでも坊さんにいわれたのか。」

「いやなことを、おとうさん。」

「しかたない。わしが起こしてくる。」

父親はこういって階段を登ったかと思うとその途中から、

「血!! 血だ!!」

と、さけんで、ころげ落ちてきました。

近所の強い若者をたのんで、二階にあがってもらうと、坊さんは何者かに、のどを食いちぎられ、ふとんの中で、血にそまって死んでおりました。

ミケが坊さんののどを食いちぎってにげたという評判は、たちまち村中につたわりました。サヨはばけネコをかっていたというので、家から一歩も出られず、ただ、

「ミケではない、ミケではない。」

と、はげしく親にいいつづけました。

「おまえがそれほど信用するなら、ミケは家にいるはずだ。恩《おん》知らずめ、おかげでわしは村人に顔もあわせられねえ。」

父親はカンカンにおこって、サヨをしかりました。

「ネコもああ年をとるとばけるんだよ。ばけネコの話は、むかしから数かぎりなくあるじゃないか。おまえが、どうべんかいしたって、だれが信用するもんか。早くあきらめないと、おまえまで殺されるよ。」

母親は声をふるわせ、サヨにいってきかせました。なんといわれても、サヨにはミケが

ばけネコだなんて思うことができません。かえって、ミケに対する愛情がつのってくるばかりでした。

やがて三日目の朝、どこからどうきたのか、ミケがびっこを引きながらのっそり帰ってきました。そしてぐったりして、サヨのひざの上にうずくまりました。

毛がぬけた上、やせほそり、足にはなまなましい血のにじんだきずがあります。サヨは両親に見つからないよう、胸にだき、いそいでうらの山へつれて行きました。

「ミケ、いっておくれ。坊さんを殺したのはおまえじゃないね。おまえはばけネコじゃないね。」

サヨは、ミケにほおずりしながら、人間にいうように聞きました。ミケはじっとうらめしそうに、サヨを見つめていましたが、やがてサヨの胸の中で寝てしまいました。

夜になると、ミケはようやく元気を取りもどし、前のようにサヨのうしろをびっこを引きながらまといつきはじめました。

畑《はた》仕事から帰ってきた両親は、これを見てびっくりしました。

「サヨ、なんてばかなことをする。おまえもかみ殺されたいのか。」

父親はかんかんにおこって、サヨにくってかかりました。

「おとうさんのいうとおりだよ。早くすてておいで。村の人に見られると、また大さわぎだ。おまえも家にいられなくなるよ。」

サヨはしかたなく、夕方だれにもわからないようにふろしきにミケをつつみ、村のはずれを流れる小川にすてに行きました。

「ミケ、かんにんしておくれ。わたしはおまえを信じてるけど、こうなったらあきらめるよりしかたないわ。こんどこそ、けっして家へもどらないでおくれ。もし、おまえがもどると、わたしは家を追いだされてしまうわ。」

サヨはこういって、ミケをふろしきにつつんだまま川ばたに置き、いそいで家に帰りました。

その夜のことです。サヨはすててきたミケのことが心配で、どうしても寝つかれません。夜中、うとうとしたとき、ニャーンとまくらもとで、ミケの鳴き声がします。サヨはびっくりして飛び起きました。すると、まくらもとにミケがちゃんとすわっています。

「ミケ、また帰ってきたの？」

サヨはミケをひざにだきよせ、ほおずりしました。ミケはものいいたげに、サヨの顔をじっと見て、

「おじょうさん、坊さんを殺したのは、ぜったいわたしではありません。この家にいる大きなネズミです。」

「なに!! ネズミが人間を？」

サヨはびっくりして、ミケを力強くだきしめようとしました。するとどうでしょう。ミケの姿は、いつのまにかすっと消えてしまいました。

「ミケ、ミケ。」

サヨは立ちあがって、ミケをさがしました。

その声に父親も母親も起きてきました。

サヨは今のことを両親に話しました。けれど、

「ネズミが人間を殺すなんて、やっぱりばけネコのいうことだよ。」

といって相手にしてくれません。

そのつぎの夜のことでした。夜中に父親が、おびえたように立ちあがり、

「ミケ、ミケ。」

と、さけびました。

サヨと母親はおどろいて目をさましました。すると父親は、

「ミケが、ミケがおれに話しかけたんだ。ゆうべサヨにいったことと同じことをな。そしてどうしても信用しないのなら、となりのネコと力をあわせ、ネズミを退治してあかしを立てるというのだ。だから、となりのネコを、あしたかりてきてくれというのだ。」

「だって、家にそんな大きなネズミいたかしら。」

「いや、二度もこうしてゆめまくらに立ったんだ。ミケもぬれぎぬをきせられ、よほどくやしいのかもしれない。とにかくあした、となりのネコをかりることにしよう。」

サヨはほっとして、その夜はぐっすりねむりました。翌日、サヨは早く起きて、ミケをすてた川ばたにいそぎました。

すると、途中でびっこを引きながら、家のほうへむかってくるミケに会いました。サヨはすぐにだきあげ、大いそぎで家に帰りました。父親はもうとなりから、タマというネコをかりてきていました。

「こんなに弱っていたのでは、ネズミには勝てまい。サヨ、わたしたちはいいから、ありったけのごちそうをあげなさいよ。」

母親にいわれてサヨは大喜び、遠い魚屋から干物《ひもの》など買いこみ、二ひきのネコにごちそうしました。

三日たちました。ミケの足もなおり、タマとも、仲よしになりました。その夜のことです。サヨはまたゆめを見ました。

「もうからだに自信がつきました。あしたのばん、タマとネズミ退治をします。だれも二階にあがらないようにしてください。」

と、ミケがいうのです。

その夜のことです。サヨは二ひきのネコにたくさんのごちそうを食べさせ、二階にあげました。下では両親とサヨがふとんの中で寝たふりをし、二階のようすをうかがっておりました。夜中になると、二階が急にさわがしくなってきました。

「サヨ、はじまったぞ。」

「ミケ、負けなければいいけど。」

サヨは心配げにふとんから顔をだしていいました。

「まさか、ネズミに負けるネコなんて聞いたことないよ。」

母親は、安心しきったようにいいました。そのうち二階のさわぎは、いよいよはげしくなり、ニャオー、ニャオー、チュー、チューと、はげしいさけびが聞こえてきました。

「ミケ、だいじょうぶかしら。」

「おれ、かせいに行ってやるか。」

父親は起きだしました。

「よしなさい。ミケのいうことがほんとうなら、あなたものどぶえをかっ切られてしま

います よ。」

「そうだなあ、人間の出るけんかではないからな。」

二時間ほどたって、二階のさわぎはようやくおさまりました。

三人は足音をしのばせ、階段を静かに登って行きました。

「くう、くう。」

ネコの荒い息づかいがします。

「ミケだ。」

サヨは思いきって、まっ先に二階の部屋に飛びこみました。すると、どうでしょう。ミケよりも大きなネズミが血にまみれて、倒れていました。その上にしがみつくようにして、のどをかみ切られ、血にそまったミケも倒れていました。

サヨは近づくこともできず、ただぼんやり、そのあわれな姿を見つめました。あとからきた父親と母親も、うーん、とうなってすわりこんでしまいました。

けがをしながらも生き残ったのは、となりからかりてきたタマだけでした。

サヨはミケの死をあわれみながらも、ミケがゆめでいったことが、うそではなかったことをほんとうにうれしく思いました。

＊参　考＊

鍋島の猫騒動は、お家騒動にからむ怪猫《かいびょう》の話です。もちろん実説ではなく、江戸時代、瀬川如皐《じょこう》が、一八五三年に『花埜嵯峨猫魔稿《はなのさがねこまたぞうし》』として、歌舞伎に脚色したものです。

これは一例にすぎませんが、猫がばける話は動物の怪談の中で、もっとも多く、猫につぐのが蛇です。

ネズミが猫に食われ、蛙が蛇にのまれるのは、ごくありふれた話です。これではおもしろくないというわけでしょうか、この物語は、逆になっています。

この作品は、「閑窓瑣談《かんそうさだん》」からとったもので、遠州御前崎の西林寺にあったという話です。また、これに類する話は、『諸国里人談《りじんだん》』『翁草《おきなぐさ》』などに、いくつか見られます。人間には怪猫と思われても、ネズミにはそう見えなかったのかもしれません。

第二話　また出たおばけ

陣内《じんない》は親類の結婚式に呼ばれ、酒によってしまった。

「おそいから、ぜひとまっていくように。」

といわれたが、よったいきおいで、どうしても帰るといいはった。

ところが帰り道をまちがえ、諏訪《すわ》の森にまよいこんでしまった。晴れていれば、十五夜に近い月が出るころで、草むらの中の一本道も月あかりで見当がつく。だが、雲が低くたれてきて、森はまっ暗やみになってしまった。

――森を越えれば、自分の村につく。とにかく歩こう――

陣内は右に左に、よたよたと、木につかまりながら森の中を歩いていくうち、夜はしだいに深まっていった。

「かたっこっこ、かたっこっこ。」

陣内は、石だたみの上を歩くような、げたの足音を耳にし、ふと立ちどまった。

――おれの足音かな――

陣内は木につかまりながら、また歩きだした。

「かたっこっこ、かたっこっこ。」

すると、またげたの足音がする。

「なんだ。おれの足音か。」

こう思ったものの、草原の上を歩いているのに、げたの足音なんて、こりゃ少しおかしいと気づき、陣内の背すじはひやりとした。酒のよいもとつぜんさめてきた。

――どうせ、子どもたちもとまってくると思っているだろうに、酒のいきおいでむりに飛びだし、つまらないことをしてしまった――陣内はこう思って、ちょっと立ちどまったが今さら引きかえすには、遠くきすぎた。

そうだ。足音など気にしなければいい。陣内は自分にこういい聞かせて、また歩きだした。するとまた、「かたっこっこ」という音が聞こえてきた。

しかもその音は、陣内をうしろから追いかけてくるようにも聞こえる。陣内はまた立ちどまった。

「かたかた、こっこ、かたかた、こっこ。」

「おかしい、たしかに、おれの足音ではない。」

小指で耳の中をほじった。耳の中に、新しい空気がすうっとはいってきたような気がした。

するといっそう足音は大きくなって、こまくにひびいた。陣内は結婚式でもらったお祝いのつつみをほっぽりだし、げたを両手に持って、走りだした。

「かたたた、かたたた。」

げたの音は急にはやくなって、追いかけてくる。

「助けてくれえ!!」

と、さけんだ。陣内のさけび声が消えると、森はいっそう静まりかえった。陣内は立ちどまり、

「だれだ、おれの後をつけてくるやつは。」

と、どなった。声はやみにすいこまれ、冷たい秋風がすっとほおをかすめた。

陣内はいらいらしてきた。

「出てこい、ひきょう者!!」

げたを両手にふりかぶり、またどなった。


「なんです。そのかっこうは？」

やみの中で声がし、陣内のすぐ前に、ちょうちんを持った若い百姓が、ぬっとあらわれた。

よく見ると、別に変わった人間ではなかった。陣内は気まずくなり、ふりあげたげたを、地面におとし、ゆっくりとはいた。

それでも、とつぜんわいたこの人間をふしぎに思い、

「おまえさん、だれかね。」

と、声をふるわせ、ぐっとつばをのみこんだ。

「この夜ふけに、あんまりでけえ声がするもんで、ちょっくら家を飛びだしてきただ。」

「そうですか。それはありがたい。なんだかこの森にはいると、わたしのうしろを、かたっこ、かたっこと、ついてくる者があるような気がしましてね。」

「じょうだんじゃねえ。この森にかぎって、悪いやつが出たなんて聞いたこともねえ。げたの音なんぞ、おまえの耳のせいにちげえねえ。」

「そうですか。これで安心しました。なにせ家へ帰る途中道にまよい、知らない森にまぎれこんだものですから、こわくて、こわくて。」

「じゃ、おれが、ちょっくら森の出口まで、ついてってやるぜ。キツネやタヌキぐれえ出ねえともかぎらねえでのう。」

「そんなに親切にしてくださらなくとも。」

「なあに、おらあ、夜は昼間よりこわくねえ。」

「そ、それはどうして?」

「いいんや。夜ふかしになれてるってこった。」

陣内は若い男のちょうちんのあかりをたよりに、その後について行った。草は夜つゆでしめり、ちょうちんのわずかなあかりで、ぴかりぴかりと光った。もうあのふしぎなげたの音はしなくなった。

だが、森はどこまでつづいているのか、心配になってきた。

「どこまで行ったら、森からぬけられるのですか。」

「どこまでって、こうまっ暗やみじゃ、あの松までとか、杉までとかはいえめえ。おまえさん、またおくびょう風にふかれだしたな。」

「そ、そんなことはないけど、早く家について、子どもたちに会いたくなったもんですから。」

「もうぼつぼつだ。夜明けまでは、まだ間があらあ。」

陣内はゆっくりゆっくりと歩く男について行くのが、不安になってきた。

「ところで、わたしが聞いたあの足音は、いったいなんだったのですか。」

「おまえさん、そんなことといって、もう一度こわいめにあいたいのか。」

若者はこういうと、急に歩をはやめ、陣内とのきょりをぐんぐん引きはなしはじめた。

ちょうちんのあかりは、たちまち小さくなっていった。

陣内も負けずにその後を追った。けれど、どういそいでも追いつかない。そのうち、ちょうちんのあかりがぱっと消えた。

するといつのまにもどってきたのか、

「おまえ、もう一度、こわいめにあってみたいようだな。」

と、若者は陣内の前に立ち、ちょうちんにあかりをともした。そして、顔を陣内の目の前につきつけた。

「ぎゃっ!!」

陣内は、腰をぬかしてしまった。

大きな皿のような一つ目がその顔にぎらり

と光ったのだ。そして、とつぜん三十センチほどののびたかみの毛は、森の木の枝にとどくかと思われるほどにさか立ち、口は耳までさけ、鼻のない大きな顔に変わった。その顔は、腰をぬかしてふるえている陣内を見くだし、

「うふっふ。どうだ、おまえ、この顔が見たかったようだな。だがな、心配するな。おまえを食うような悪者じゃねえ。」

と、低い声でいうと、すっとやみの中に消えてしまった。

陣内はへたへたと、つゆにぬれた草に顔をふせた。しばらくすると、陣内のえり首がひやりとした。正気にかえった陣内が飛び起きると、森の中はいっそう暗くなり、ぽつりぽつりと雨がふってきた。

陣内はふらつく足に力を入れ、やぶに足をとられ、木にぶつかりながら思いきり走った。息がきれ、もう動けなくなった。立ちどまって前のほうを見ると、やみの中にぼうっとあかりが見えた。

「人家《じんか》だ!!」

陣内はまた走った。小さな小屋が目の前に見えてきた。

「助けてくれ!!」

ずぶぬれのからだを戸にぶっつけた。

「なんだね、さわがしい。」

おばあさんが戸をあけた。

「おねがいです。水をいっぱい。」

と、土間に倒れた。

「このま夜中に飛びこむが早いか、水をくれとはいったいどうしたっていうのだね。まあ、ここへかけたらええ。」

おばあさんは陣内の手をとり、土間にある縁台にこしかけさせた。そして奥からひしゃくに水をくんできた。

「ああ、おかげさまで生きかえった。」

いっきに水をのみほした陣内は、ひしゃくを縁台に置いた。

「いったい、どうしたというんだね。」

「どうしたもこうしたもありません。おばあさんは、この森でおばけにあったことはありませんかね。」

「じょ、じょうだんじゃねえ。ここの森は毎日のように昼夜となく、歩いているだ。キツネ一ぴき出あったこともねえ。」

「すると、さっきのおばけは、ゆめだったのか。」

「おまえさん、おばけ、おばけっていうけど、ほんとうにいたのかね。」

「いたのなんのって、おれのすぐ目の前にぬうっと。……ああ……もうやめよう。思い出してもぞっとする。命がちぢむ。」

「たいそうなことをいうねえ。まあ、そうずぶぬれじゃかぜをひく。ぼろだが、わしの着物をかしてあげるから、それをぬいで着がえたらいい。」

「このままでいい。まあ、しばらく休ませてください。わたしの家はこの森を越えればすぐだ。気がおちつきしだい、いっときも早く帰りたい。」

「で、そのおばけってどんなかっこうをしていたかね。」

「それは聞かないでください。思い出してもぞっとする。」

「なら、むりに聞きたくはねえが、おまえさんもずいぶんひでえめにあったもんだ。水はもういいかね。」

おばあさんはからのひしゃくを持ち、奥に消えていった。そのうしろ姿を見て、陣内はこんな深い森のはずれに、おばあさんがひとりで住んでいるのがふしぎに思われてきた。

——いつまでもぐずぐずしていると、またどんなめにあうかしれない。もうまもなく夜もあけるころだろう——

陣内はこう思い、

「おばあさん、とつぜん飛びこんで世話になった。おかげで元気を取りもどしたから帰ります。どうもありがとう。」

と、声をかけた。

「そうかい、じゃ、気をつけてな。」

奥からおばあさんの声がした。陣内は立ちあがり、表に出ようとすると、

「ちょっと待っておくれよ。」

と、おばあさんが呼びとめた。

「何か用でも……。」

「夜明けまでには間がある。またこんなおばけにあわねえように、気をつけるんだよ。」

と、ローソクの火を自分の顔に近づけたその顔は、さっきあった一つ目とそっくりだった。

「うわっ!!」

陣内は戸によりかかったまま、また腰をぬかしてしまった。

小鳥の声に目をさますと、陣内は森のはずれの草むらにうつぶせに寝ていた。そこにたしかにあったはずの小屋はかげも形もない。

「ゆめか。いいや、ゆめではない。」

陣内は自分の頭をたたきながら立ちあがり、きらきら光る森の道を家のほうへいそいだ。

＊参　考＊

おばけは、多人数の前にはけっして出ない。しかも、一度だけでなく、かならず二回はくりかえして出るものだと、いわれています。この形は、古く中国の『捜神記《そうじんき》』という本から尾を引いているといわれています。

『捜神記』は、中国の晋時代（四世紀）の歴史家、干宝《かんぽう》の編集した小説集で、中国の代表的な説話集です。鬼神怪異な話が多くのっています。

干宝の父の妾が、生き埋めにされ、十数年後に生きかえった、兄が病中、鬼神を見た、ということに感動して書いたといわれています。『羽衣物語』も、この本に掲載されています。

この物語の原典は、『老媼茶話《ろうおうさわ》』にあります。会津の諏訪の森に「朱の盤」という、おそろしいばけものが出た、という話にヒントを得たものです。小泉八雲《やくも》の『貉《むじな》』も類似のものです。

第三話　魔性《ましょう》の笛

沢口忠太夫《ちゅうだゆう》はてっぽうの名人でした。

シカ、イノシシ、タカ、山鳥など、忠太夫にねらわれると、なんでも一発で射落《いお》とされてしまいました。

ある日、忠太夫は下男の五介《ごすけ》をつれ、朝早くいつものうら山へ狩りに出かけました。けれど、どうしたことか、夕方まで、いくつかの山をかけめぐりましたが、この日にかぎり山鳥一羽、見つかりません。

「五介、きょうはあきらめよう。」

「でもだんな、天下の名人忠太夫様が、一日山をかけめぐって、一羽の山鳥もとれなか

ったとなると、もの笑いになりますぜ。」

「えものがいないのでは、てっぽうも泣くというものさ。」

「ウサギも山鳥もイノシシも、だんなのにおいがわかってきたんですよ。」

「どうかな。まあいい、暗くならないうちに山をくだろう。」

ささの葉がときどき吹く夕風に、ざわざわと足もとでさわぎはじめました。

「秋っていいですねえ。木も草も、赤や黄にころもがえして、静かなお祭りをしているようだ。人間のどんちゃんさわぎのお祭りを、あの木や草はなんと思っているのでしょうかね。」

「聞いてみな。」

「だ、だれにですか。」

「草や木に。」

——えものがないからって、そんなにそっけなくしなくてもいいでしょうに——

といおうとして、五介は腰から笛のはいっている細長い袋を引きぬきました。

「なんだ、五介。」

「笛です。」

「笛？　いつ買ったんだ。」

「わたしが作ったんです。むかしの本に、よい笛は、鳥やけものをさそいだすことができるって書いてあったんです。よし、わしも作ってみようと、うらの竹やぶから、素性《すじょう》のいい古い竹を見つけ、三年越しで作りあげたんです。だんなにはないしょにしていましたが、ようやくできあがったので、きのうの夕方、うら山でためしに吹いてみたんです。するとウサギや小鳥が、笛の音《ね》にさそわれ、わたしのまわりにぞくぞく集まってくるではありませんか。そしてこの笛の音にあわせて小鳥たちは大合唱、ウサギははねまわる。うれしかったですね。」

「では、ここで吹いてみろ。」

「鳥やイノシシが出てきても、てっぽうで打たないと約束をしてください。」

「よし、わかった。早く吹いてみろ。」

忠太夫は、ゆめのような五介のことばを信じることができません。

——もし、そんな便利な笛があるなら、毎日山に登り、谷をくだり、苦労してえものをさがす必要はありはしない。でも三年もかかって作りあげた笛だ。どんな音色が出るか、一度は聞いてみよう――

という気になったのです。

五介は袋から笛をだし、ゆっくり深呼吸をし、笛を口にあてると、静かに吹きはじめました。すると、どうでしょう。まっ赤に焼けた夕やけ空を黒くそめ、山鳥や、カラスの大群が急にわき出てきました。

「どうです、だんな。うそではないでしょう。そのうち、キツネやイノシシも出てきますよ。」

五介はまた大きく息をすって笛を吹きはじめました。笛の音はりょうりょうと、峰から峰、谷から谷へひびきわたりました。

忠太夫は五介と約束したものの、つぎからつぎに出てくるえものを、見すごす気にはなれません。得意になって吹き鳴らす五介のすきを見て、そっとてっぽうをかまえました。

さて、どれをねらおうかと、銃口をあちらこちらと動かしているうち、すぐ目の前に忠太夫が見たこともない、大きなクマが出てきました。

「これだ!!」

忠太夫がクマに銃口をむけ、引き金を引こうとした瞬間、

「約束です、だんな。」

と、五介が銃口の前に両手をひろげて立ちはだかりました。

忠太夫はクマがおそいかかってきたと思い、あわてて引き金を引きました。

「ばばーん。」

という音とともに、五介は忠太夫の前に血にそまってあおむけに倒れてしまいました。

五介の葬式《そうしき》をすませた後、忠太夫はいはいの前で、血にそまった笛を、じっと見つめていました。

──ふしぎな笛だ。五介が生きていたら、毎日骨を折って、峰や谷をかけめぐらなくとも、この笛で、えものは二倍、三倍とれたことだろう。

だが、なぜ五介はあれほどたくさん目の前に飛びだしてくる鳥や、けものを打つなとい

ったのだろう。

名人といわれたこのおれが、見たこともない大きなクマを目の前にして、どうして打たずにいられようか。のう、五介。それともクマと見えたのは五介、おまえだったのか。ゆるしてくれ――

忠太夫は笛をにぎりしめ、銃口の前でばたっと倒れた五介の姿を思い起こし、なんどもいはいに手を合わせました。

忠太夫にとって、五介の死は自分のあやまちだけではないような気がしてきました。三年がかりで作った笛、動物たちを喜ばせようと心をこめて作った笛。

――名人とはいえ、だんなはあまりに動物たちをたわいもなく殺しすぎる。おれはそのつぐないに動物たちを喜ばせてあげるんだ――

五介のいはいから、こんなことばが聞こえてくるような気がしました。

忠太夫は今さらに五介の動物を愛するやさしい心がしのばれ、また新しい涙にむせぶのでした。

その後、一カ月ほど、忠太夫はりょうに出ることをやめました。けれど、名人といわれる忠太夫にとって、りょうをやめることは、生きる力を失ったと同じことです。だが、こんどは五介の作った笛があります。

「五介、ゆるしてくれ。」

忠太夫は五介の墓におまいりし、五介が死んでから、はじめてりょうに出かけました。

きょうは笛があるから、クマかイノシシの大ものを射とめようと、朝早くから、今まで行ったこともない山奥まで足をのばしました。

峠《とうげ》でしばらく休み、すがすがしい秋の朝風を胸いっぱいすい、笛をりょうりょうと吹き鳴らしました。

すると、とつぜん大きなヘビが忠太夫の目の前に、長い舌をだしてせまってきました。変わったえものに、忠太夫はひやっとしましたが、いそいでてっぽうをかまえ、大きくあけたヘビの口をねらって、一発たまを打ちこみました。ヘビはもんどりうって、谷底へ落ちていきました。

すると急に、山がごうごうと鳴りだし、あたりがまっ暗になり、滝のような雨がふりだしました。

忠太夫はあわてて、そばの松の木の下にかけこみ、雨やどりをしようとしました。すると、その松の木もとつぜん倒れ、松の木もろとも谷底へ落ちてしまいました。

忠太夫は頭の上に、木や石が落ちてくるのをはらいながら、

「五介、助けてくれ。」

と、空にむかってさけびました。

すると雨はさっとやみ、こんどは山の上から女の笑い声が聞こえてきました。

「だれだ。」

「わたしでございます。」

忠太夫の目の前で笑っている女、それは自分の妻でした。

「おっ!! おまえ何しにこんなところに……。」

忠太夫はじっと妻を見つめ、そばへ近よろうとすると、その姿はすうっと、雨あがりの空に消えてしまいました。

忠太夫はどこを、どうとおったのかわかりません。まっ暗な夜道を走りつづけ、夜もふけてからようやく家にたどりつきました。さっそく、妻にこの話をすると、

「まさか、わたしがそんな山奥へ行けようはずがないでしょう。笛のたたりかもしれませんよ。」

といいます。

「笛のたたり、なるほどそうかもしれない。」

忠太夫は翌日から命のつぎにたいせつだといっていたてっぽうをすてました。そして二日ほどして五介の霊をなぐさめようと、僧《そう》に姿を変え、笛を持って旅に出ました。

東へ東へと旅をつづけるうち、また秋がめぐってきました。白く秋風になびくススキの穂を見ていると、忠太夫はふしぎなことばかり起こった、去年の秋の五介の一件が思い出されてきました。

忠太夫は、しばらく吹かなかった笛が、急に吹きたくなってきました。口にあてると、りょうりょうと、今までにない、よい音色が出ました。

音はすみとおった秋空へ、どこまでもひろがっていき、木の葉は、そのリズムにあわせ、踊《おど》りながら忠太夫のからだをつつみました。

――てっぽうをすてたおれの心が、この笛にようやくのりうつってきたのだ――

忠太夫は、こう思うと心がはればれとし、思いきり吹き鳴らしました。するとこんどは、どこからともなく、小鳥やリスがあらわれ、うたったり踊ったりしはじめました。

「いい笛だな。」

とつぜんの人声に、忠太夫は笛をやめ、ふりかえりました。いつきたのか、浪人《ろうにん》風の男がすぐうしろに立っています。

「どうだ、その笛、わしにちょっと吹かせてくれないか。」

「と、とんでもありません。これは魔性《ましょう》の笛です。」

「魔性の笛？　それはめずらしい。」

浪人は笑いながら、忠太夫に近づき、その手からさっと笛を取ってしまいました。

「な、なにをなさる。」

「もらっておくぞ。」

「い、いけません。その笛はわたしの命よりたいせつな宝物です。」

「そうか、それなら、なおさらのことだ。魔性の笛と旅ができるなんて、ねがってもないことじゃ。」

浪人は笛を腰にさすと、ススキをかきわけ、にげだしました。

「返して、返してください。」

忠太夫は浪人の後を追いかけました。

ススキの原を過ぎ、フジバカマや、オミナエシのはえているおかで、ようやく浪人に追いつきました。

「返せ。」「返さぬ。」

と、おしもんどうをした末、浪人は、忠太夫を一刀《とう》のもとに斬《き》り殺してしまいました。

「しまった!!」

浪人は秋草を血でそめ、うつぶせに倒れている忠太夫のあわれな姿を見て、こうつぶやくと、いそいで走りだしました。

それから、いくつかのおかを越え、大きな松の木のかげにたどりつき、そこに腰をおろし、ひと休みしました。

——おれはまた、人を殺してしまった。これから先、ぜったい人を殺すまいと誓《ちか》いをたてたのは、つい二、三日前のことではなかったか。宿場《しゅくば》についても、とまる金がなく、宿屋の老夫婦を斬ってにげた。

それからつくづく考えた。人を殺して金をぬすみ、あてどもなくさまよい歩く生活なんて、もうまっぴらだ。だれでもいい、どこでもいい。自分を使ってくれる人のところで心おだやかにくらしたい。

こう思っていたやさき、あの男がこの笛を吹いた。すると、鳥がやってくる。リスが飛びだしてくる。そして笛の音にあわせてうたい踊る。おれは、楽しそうなあの男の生活がうらやましくなってきた。笛がほしくなり、また人を殺してしまった。このいやしい心を起こさせたのはこの刀だ。これさえなければ――

浪人は松の木に刀をほうり投げました。

刀は枝にひっかかり、ゆらゆらゆれはじめました。それを見あげた浪人は、

――これでさっぱりした――

と、笛を腰にさし、東へ東へと山道をくだって行きました。

一年後の秋、浪人は箱根の街道《かいどう》を笛を吹いては鳥や、リス、サルたちと遊び、生まれてはじめての楽しい旅をつづけながら、多摩《たま》川までできました。

江戸に出てまじめにはたらけば、また一年ぐらいは旅に出て、楽しい生活ができるだろう。こんどは方向を変え、奥羽路《おおうじ》へ行ってみようか、などと考えながら、川岸をのんびり歩いていました。

秋の日ぐれは早く、かぞえきれないほどさえずっていたヒバリの声も、赤い夕やけ空に消えてしまいました。

――これから渡船場《とせんば》を見つけるのもおっくうだ。今夜は、川原で野宿《のじゅく》しようか――

浪人は川岸に、ヨシの葉にかくれた、小さな小屋を見つけました。だが小屋は荒れほうだい、天井から星空が見えるほどです。

――山のどうくつや、杉林の下で寝るより、まだましだ――

浪人はこう思い、くさって落ちそうなゆかに、そっとからだを横たえました。

夜もだいぶふけたころです。ガサッ、ガサッという、ヨシの葉をふむ足音に、浪人はふと目をさましました。天井からもれる星あかりをたよりに、浪人はまがった柱を背に立ちあがりました。

だが、そのとたん、小屋の外からいきなり竹やりがつきだされました。

「うわっ!!」

うしろから胸をつきさされた浪人は、くずれるように倒れてしまいました。

――やっぱり竹やりでよかった。夜はてっぽうのねらいが、なかなかつかんもんだ――

背にてっぽうをかついだりょうしは、こうひとりごとをいいながら、浪人から笛をうばい、小屋から飛びだしました。

そしてヨシをかきわけ、土手に出ると、笛をしっかり胸にかかえました。

——ああ、ようやくのことで手に入れた。箱根の山から、ずっと後をねらってきたかいがあった——

りょうしは箱根の山で浪人がこの笛を吹くのを見た。そのとき、鳥をはじめ、クマ、イノシシまで飛びだしてきた。あの笛さえあれば、えものをさがしたり、打ちそこなうことはぜったいあるまい。毎日が百発百中、クマにおそわれる心配も、山歩きの苦労も、この笛一つで吹き飛んでしまう。なんとかあの笛がほしいものだ。

こうしてりょうしは浪人の後を追い、多摩川までついてきたのでした。そして、浪人が小屋にはいるのを見とどけ、近くの竹やぶで竹やりを作ったのでした。

翌日、りょうしは少し朝寝ぼうしましたが、さく夜のことは家の者にも話さず、昼ごろ、笛を持って山へ出かけました。山道を歩きながらも、りょうしはうれしくてたまりませんでした。

——きょうはこの笛で箱根の山の鳥といわず、けものたちまで、みなおびきよせ、思いきり打ちまくり、家の者はおろか、村中の者たちまで、おどろかせてやるぞ。たまもいつもの二倍持ってきた――

気おいたったりょうしは、かけて山を登り、いつものりょう場につきました。山は気味悪いほど静まりかえり、小鳥の鳴き声さえ聞こえません。でもりょうしはおちついていました。

――今に見てろ――

りょうしは肩からてっぽうをおろすと、ゆっくり銃にたまをこめ、そばの木に立てかけました。

そして、笛を腰からぬき、口にあてました。

――クマ、イノシシがすぐ目の前に飛びだす。銃をにぎる、打つ。こんな早わざができるのかな――

こう思うと胸がどきどきし、手がふるえ、うまく笛がくちびるにあたりません。りょうしは岩に腰をおろし、しばらく心をおちつけました。

――あわてることはない。三十分もすれば十頭や二十頭は思いのままだ。家に運ぶに苦労するかもしれない。はじめ、まず笛を吹く、えものが出てきてもあわてず、もっとも大きなものからねらって打つ。毎日のことだから二頭か三頭でやめにする――

手順を考えているうち、りょうしの気持ちはだんだんおちついてきました。

しばらくして立ちあがったりょうしは、笛を口にあて、山にむかって静かに吹きはじめました。すると、今まで静かだった目の前の山が、急にざわざわとさわがしくなってきました。

小鳥やタカが、かれ葉を落とし、りょうしのほうへ群をなして飛んできました。りょうしは調子にのっていっそう強く吹き鳴らしました。りょうりょうと、笛の音は山々にこだましはじめました。

すると、こんどはガサッガサッと、くまざさをわける重い足音がし、シカ、クマ、イノシシなどが草の上にひょこひょこ頭をだし、りょうしに近づいてきました。

りょうしはころあいよしと、笛を腰にさし、てっぽうを取り、いちばん大きなクマに銃《じゅう》口《こう》をむけました。

クマは笛の音のやむとともに、きょとんとして立ちあがりました。りょうしはねらいをさだめて引き金を引きました。

「ばばーん」と、てっぽうの音が山にこだましました。

そのとたん、足もとで「ぱん」という奇妙な音がしました。すると、目の前に群をなして飛び出てきた、鳥やけものが、いっしゅんに消えてしまいました。

りょうしは、てっぽうをほうりだし、腰の笛を取ろうとしました。だが笛は、まっ二つにわれ、足もとの岩の上に落ちていました。

「なんとしたことだ。」

りょうしはこわごわ笛をひろいあげました。よく見ると、くちびるをあてるうら側に、ちょっと見ては気がつかないような小さな字が、きざみこまれてありました。

りょうしはいそいで家に帰り、寺子屋の師匠にその日のことを話し、笛の字を読んでもらいました。目を細めて読み終わった師匠は、

「笛がわれて、おまえの命も助かったんだ。ほら、『魔性の笛、みだりに吹くべからず。五介』と書いてある。」

といいました。

りょうしは寺子屋から飛びだすと、多摩の川原へ行き、土手に小さな浪人の墓を作り、その霊をなぐさめました。

＊参　考＊

物の怪《け》というのがあります。

宿屋の古い掛蒲団《かけぶとん》が、客がそれに寝るたびに、「兄さん寒かろう」「おまえ寒かろう」という子どもの声をだす。掛蒲団をうばい取られ、雪の中で死んだ兄弟の魂であったと、八雲《やくも》は書いています。

岡本綺堂《きどう》の『兜《かぶと》』という小説は、「兜」に怪異性を与え、その所持者に、つぎからつぎへと事件をからませた怪談です。また、医者の見はなした病人が、その家に何百年とつたわる古い木枕を焼きすてたことにより助かったという、『木枕の怪』の話もあります。

斬られた石、動く石など、石にまつわる怪談や、木を切ったため、一家が不運になったという話も数かぎりなくあります。

この作品は、『ひめどう』という笛にまつわる因縁話で『只野真葛《ただのまくず》、むかしばなし』からとったものです。

第四話　カッパにもらった薬

――ええ夕やけじゃねえかよ。このぶんじゃ、あしたも空は、おっぴらきの上天気だ。だがのう、あのまっ赤っ赤の中に、一羽でもいい、いいや、三羽ぐれえほしいもんだ。まっ黒なカラスがよ、カァと、飛ぶてえと、ぐっと夕やけもひきたつがなあ――

源《げん》じいさんは、谷川の崖《がけ》っぷちに腰をおろし、酒をのみながら、のんびり夕やけをながめていました。

これでは重いまきを背おわされ、腹をすかせ、源じいさんをまっている馬にとっては、たまったものではありません。

――山仕事のけえりは、いそぐもんだぜ――

馬はこういいたげに、源じいさんの鼻先へ、長い鼻づらをぬっとだしました。

「な、なんでえ。早く帰れってさいそくか。まあ、たまにゃいいじゃねえかよ。暗くなるまでに帰れや、ばあさんもおこりはすめえ。なんならおまえもいっぱいやっか。」

源じいさんは、酒どっくりの口をくわえ、ごっくん、ごっくんと、ひとのみするごとに、上きげんになっていきました。

そして、みんなのみほすと、岩の上に、あおむけに寝こんでしまいました。

——のんべえのおともはつれえよ。あした、むかえにくっからな——

馬は、源じいさんを、おいてきぼりにし、ぱっか、ぱっかと、川原へおりてしまいました。

ひょきり　たっきり　ろんろんろん
たっきり　くっきり　ろんろんろん
のんべえじいさん　ぐのぐのぐう
馬はひとりで　ぱっかぱっか

このときにがすな　それいそげ

子どもたちの歌声で、源じいさんは目をさましました。夕やけはとうに消え、あたりはうす暗くなってきました。

「そうら、けえるぞ。」

源じいさんは、目をこすりこすり立ちあがり、たづなを引こうとすると、馬がいません。

「ちくしょうめ、おいてきぼりにしやがったな。」

源じいさんは、からになったとっくりをぶらさげ、崖をおりました。

するとまた、子どもたちの歌声が聞こえてきました。

「のんべえじいさん、ぐのぐのぐうだと。ばかにしやがって。馬はひとりで、ぱっかぱっかだと。ふざけると、しょうちしねえぞ。」

崖におりたった源じいさんが、よろよろしながらどなると、とつぜん、五、六人の子どもが目の前にあらわれ、また歌をうたいだしました。

「な、なんだと？　おまえら、いったいどこのどいつだ。」

源じいさんはおこって、子どもたちに近づきました。

「どこの者でもねえ、どいつでもねえ。」

子どもたちは、口をそろえてばかにしました。

「こいつら、おれをだれだと思ってるだ。」

「のんべえじいさん、ぐのぐのぐうさ。」

「おまえら、口からさきに生まれたんか。」

「口がなけりゃ、のっぺらぼうだ。」

源じいさんは、返すことばもありません。川岸で、水をのんでいる馬に近づき、

「こーれ、おめえがだまってけえるから、おれまでばかにされるんだ。さ、いそいでけえるんだ。おーれ。」

と、馬のたづなをぐいと引きました。

馬は鼻を上にむけ、ひひんと鳴き、歩こうとしません。

「こうれ、いうこときかんかい。」

源じいさんが、馬のしりをぴしゃりと平手で強く打つと、こんどは、馬は尾をはげしく、

ぐるぐるまわしはじめました。

「どうしただ。おかしなことするでねえか。ほんとうに不自由なやつじゃよ。何年いっしょにいても、ことば一ついえねえ。これさ、どうしたってえんだよ。」

たづなを引くと、馬はかえって後ずさりし、こまったような目つきをして、源じいさんに頭をすりよせてきました。

――こりゃおかしい。子どもたちにいたずらされたんだな――

こう思った源じいさんは、馬の頭や胴《どう》、足など、たんねんに見ました。けれど、ひっかききず一つありません。

源じいさんはたづなを取ると、

「おれがいなかったもんで、さびしかったんだな。悪かった、悪かった。」

と、馬の鼻づらをやさしくなぜました。

すると、そのとき、

「あんまり近づくとあぶねえぞお。」

と、子どもたちの声がしました。

「まだいやがったか。」

源じいさんは、夕やみのこくなってきた川原を、ぐるっと見わたしました。

だが、子どもたちの姿は、どこにも見あたりません。

するとまた、

「あぶねえから気をつけろ。」

と、子どもたちの声。

源じいさんは、おれのことを心配していってるんだと思いこみ、

「ありがとう。おれの目はまっ暗やみでも、よく見えるだぞ。心配すんなよう。」

と、声をはりあげていいました。

よいのさめた源じいさんには、川の夜風が急にすずしさをましてきたように思われました。

手あかのしみた、よれよれの手ぬぐいでほおかぶりし、腕をくんで馬の前を歩く源じいさんの歩みも、ようやくはやくなってきました。

川原を過ぎると原っぱです。ススキの白い穂が道をはさみ、風に踊《おど》っています。ぱかっ、ぱかっと、馬の足音だけが星空にひびき、短い秋の日は、とっぷりくれてしまいました。

その暗やみの原っぱに、ぼやっと、源じいさんの家のあかりが見えるところまでくると、とつぜん馬が、ひひんと後足をけっていななきました。

馬は長い尾を、ぶるん、ぶるんとまわしはじめました。

「また、はじめやがった。きょうのおめえは、どうかしてるでねえか。尾っぽばっかりふりまわしゃがって。」

源じいさんは、たづなを道ばたのかれ木にゆわえ、そっと馬のうしろにまわり、腰をおろすと、尾っぽにあわせ、目をぐるりぐるりと、まわしました。

「目がまわるでねえかよ。」

源じいさんはぶつぶついいながら、馬の尾をじっと見ました。すると、尾のつけ根に、ホタルの光に似た、ぼやっとした二つの光がくっつき、尾とともにまわっています。

「おめえ、どこでこんなもの、くっつけてきたんだ。」

立ちあがって光を取ろうと手をだすと、ぐにゃっとしたやわらかいものが、指にさわりました。それはいくらひっぱっても取れません。

「なんでえ、こりゃ。」

源じいさんはすばやく腰の山刀《やまがたな》をぬき、二つの光に、力いっぱい切りつけました。

「ぎゃっ!!」

「うへっ!!」

同時に起きた妙なさけびに、二つの光はさっと消え、源じいさんは、馬の足もとに腰をぬかしていました。

「おどかしゃがる。いってえ何者だ。」

しばらくして、立ちあがった源じいさんは、やっとのことでたづなを取りました。馬は元気になり、「早く、早く」とさいそくするように、源じいさんの肩をおしました。

――どうも、さっきからの馬のようすといい、子どもたちといい、おかしいと思った。おれが、酒によってるもんだから、何がなんだかわからねえが、あやしいものがまといつきゃがって。あぶねえ、あぶねえ――

源じいさんは、ぐっと腰をのばし、馬におされながら、家に帰りました。

源じいさんは馬小屋で、また、おどろきました。

馬の尾に、毛むくじゃらの腕が、血にそまってぶらさがっているではありませんか。

「ばあさんや、ばあさんや。」

源じいさんのうわずった声に、いろりで夕はんのしたくをしていたばあさんは、腰をぴょこんとのばし、馬小屋へかけつけました。

「ほら、見ろや。」

源じいさんは、馬の尾から取ったばかりの腕を、ばあさんの目の前にさしだしました。

「ひゃっ!!」

ばあさんは、じいさんの足もとにうずくまり、ぶるぶるぶるとふるえだしました。

「ばあさんや、そんなこええもんじゃねえ。ほうらようっと。」

源じいさんは、ばあさんをだき起こし、いろりのそばへつれて行き、これまでのことをくわしく話しました。

「そうだったのかい。わしはまた、じいさん、人殺しでもしたんじゃねえかと思って、人間でなくって、何よりよかった。だがな、じいさまや。この腕の主《ぬし》、ばけものだとすると、しかえしにくるかもしんねえど？」

ばあさんはいろりにホダをくべながら、心配そうにいいました。

「それだで、おれも気になる。だがのう、この腕、サルでもねえ、イノシシでもねえ。」

源じいさんも、えれえことになったもんだ、どうしたもんかと、いろりの灰をかれ枝で、かきまわしながら考えました。

クワの木の根っこがとろとろ燃え、だまりこくったふたりの顔のシワを、いっそう深くきざみこんでいきました。

夕はんが終わると、

「ばあさんや、考えてばかりいたって、おらたちの頭じゃ、うめえこたあ浮かばねえ。」

「じゃ、どうするってえんだね。じいさんは酒のむたんび、ろくなこたあしねえ。もう、わしゃあどんなことあってもしんねえど。」

ばあさんにこういわれると、源じいさんも、いいわけがたちません。

ぼそっと立ちあがると、腕をワラでつつみ、おしいれの奥にかくしてしまいました。

「ばあさんや、ここにあること、だれにもいうでねえど。おらあ知らねえって、いってればいいからな。」

「うん、そういうだ、おらあ、おっかねえもんな。」

夜がふけていきました。けれど、ふたりは、いつまでもだまりこくって、いろりの火にあたっていました。顔ばかりほてり、首すじからは氷の板をはりつけられたように、ぞくぞく寒さがからだ中にしみこんできました。

「ばあさんや、今年の秋は早えのう。」

「まんだわかんねえ。長い雨がふりつづいた後は、また、かっと夏の日が、照りつけることがあるもんだ。」

「おらあ、寒くてしょうねえ。ふとんしいてくんろや。」

「わしは起きている。ぐっすり寝こんだところへ、腕の主が、こらっとやってきたらどうする？」

「おらひとりの力じゃ、かなうまいがのう。」

「わしは、ざぶとんかぶって〝ナンマイダ〟と、となえるだけじゃ。」

こんな話をしていると、

「こんばんは、こんばんは。」

と、子どもの声が、外から聞こえてきました。

「そらきた。」

ばあさんは〝ナンマイダ、ナンマイダ〟と、ざぶとんを頭にかぶり、源じいさんにしがみつきました。

「おねがいです。あけてください。」

子どもはどんどんと、雨戸をたたき、

「あけてください、あけてください。」

と、なんどもさけびます。

そして、その声は、しだいに弱まっていきます。源じいさんは、ふと昼間の子どものことを思い出しました。

――まさか、あの腕は、子どものものではあるまい。すると、道にまよった子どもかな――

源じいさんはこう思いなおすと、気持ちがおちついてきました。

「ばあさんや、道にまよった子どもかもしんねえ。あけてやるか。」

「おらあ、しんねえ、おらあ、しんねえ。ナンマミダブツ、ナンマミダブツ。」

と、ばあさんは相手にしません。

戸をたたく音も、声もだんだん弱まってきました。源じいさんは土間におり、そっと戸をあけました。

子どもは、すばやく家の中にはいり、

「さっきはごめんなさい。」

と、ぴょこりと、頭をさげました。

思ったとおり、道にまよったかわいい子どもです。源じいさんは、ほっとして、

「さ、こっちへあがれ。」

と、いろりばたにつれてきました。

「ばあさんや、しんぺえねえ。かわええ子どもだぞ。ほら、見ろや。」

ばあさんはかぶっていたふとんを取り、子どもの姿をじろじろ見ているうち、右肩が、ぐっと落ちこんでいるのに気づきました。

ばあさんは、きげんのよくなった源じいさんに目くばせし、あごをしゃくって、子どもの右肩を見ろと、あいずしました。

源じいさんもそこを見ると、

「うへっ!!」

とあわてて立ちあがり、土間におり、外へにげだそうとしました。

ばあさんは、

「おらあしんねえ、おらあしんねえ、ナンマミダブツ。」

と、またざぶとんをかぶり、両足をがたがたふるわせはじめました。

「どうしたんです。おじいさん。」

子どもはさっと立ちあがり、うしろからじいさんの手をつかみました。

「た、たすけてくれ。手をはなしてくれ。」

つかんだその手は、氷のように冷たかったのです。

源じいさんが、はらいのけようとすればするほど、その手は、源じいさんの手にくいこむようにひっついてはなれません。

「見破られたからにはしかたない。さ、じいさん。おれの腕を返してくれ。」

こういったとたん、子どもは、さっと、カッパに変わってしまいました。

「お、おまえ、カッパだったのか。よ、よくもおれをばかし……。」

「ばかしゃしねえ。秋になるので、冬の用意に馬のキモがほしかったんだ。だが、失敗して腕を切られた。馬の尾にくっついていたおれの腕はどこだ。」

「するってえと、馬のしりに光ったあの光は？」

「おれの目だ。右手をしりの中に深く入れ、もう少しで馬のキモが取れるところで、右手をばっさりと……。な、悪いこたあしねえ、手を早く返してくれ。」

「ほんとうか?」

「おらあ、今夜はうそつかねえ。」

そんならと、源じいさんは、ばあさんに、

「ば、ばあさんや、おしいれの腕をだしてやんな。」

といいました。

ところが、ばあさんはざぶとんをかぶったまま、ゆかにひたいをこすりつけ、おしりをぴょこんとあげたまま、

「おらあしんねえ、おらあしんねえ。ナンマミダブツ、ナンマミダブツ。」

と、となえるばかりです。

源じいさんはしかたなく、カッパに手をつかまれたまま、おしいれから腕をだしました。

すると、カッパは源じいさんの手をはなし、いろりばたにきて、

「天下ごめんのカッパのみょう薬。」

といいながら、腰にぶらさげた袋から、大きな貝がらをだしました。

ふたをあけると、ハッカのようなにおいが、源じいさんの鼻をつきました。

あんなもんで腕がくっつくもんか、源じいさんがばかにした顔で見ていると、カッパは、貝の中からねっとりしたこう薬を取りだし、切られた腕につけました。

それを、肩の切りきずに、ぺたっとつけると、手はもとどおりになりました。

「どうもありがとう。これで、もとどおりになった。」

と、お礼をいいました。

源じいさんはびっくりしました。帰ろうとするカッパを呼びとめ、

「その薬、人間にもききめあるかいな。」

と、聞きました。

「あるとも、あるとも。そうだ、ほしければこれをお礼にあげる。山仕事にはきずがつきものだ。なくなれば、崖の下にくれば助けてくれたお礼に、いつでもあげるよ。」

カッパは、貝がらをじいさんにわたすと、さっとやみの中に、消えてしまいました。

源じいさんは、まだざぶとんをかぶっているばあさんをゆり起こし、

「天下のみょう薬、カッパのへっていう、きず薬だってよ。なあ、ばあさん。」

と、得意になっていいました。

「まだ、ばかされているんかね。じいさん。」

ばあさんはひょっと立ちあがると、さっさとふとんをしき、寝てしまいました。

翌日、源じいさんは、町のもの知りの人にたのみ、大きなのぼりに、

「どんなきずでもすぐなおる。天下のみょう薬、カッパのへ。」

と書いてもらい、それを竹ざおにぶらさげ、家の前に立てました。

その後、ナタやカマで手を切った、ヘビにかまれたなどといって、薬を買いにくる人が毎日のようにおしかけてきました。

けれど、ばあさんは、

「おらあ、しんねえ。じいさんに聞いてみろ。」

と、つっけんどんにいって、けっして、「カッパのへ」の薬を、売ろうとはしませんでした。

＊参　考＊

カッパの話は、日本全国にあります。西日本では「ガタロ」、中国、四国では「カワ子」、九州では「ガワラッパ」、東北では「メドチ」「ミンッチ」と呼ぶそうです。

身長は一メートルほど、頭の上に水を入れた鉢があり、からだは灰色で、顔は赤い、鳥のような足跡を残し、角力《かくりょく》（相撲《すもう》）を好む。キュウリを好み、動物の肝をぬく。ヒョーヒョーと鳴く。だれひとり見たこともないのに、これだけ、くわしくいいつたえられています。

カッパは、執念深く、九州で受けたうらみを江戸で返すなどといわれています。また、勝気で、好きな角力で、人間が勝つと、かならずしかえしをするそうです。

河童《カッパ》伝授の薬についての話は、各地につたわっております。打ち身、くじきによくきくといいます。この作品は、『裏見寒話《うらみかんわ》』にある甲州下条村に残る話によったものです。

第五話　どくろの目

「うっふう、うっふう。」
どこからかわからない。ふしぎなうめき声が聞こえてくる。牧人《まきと》は首をあげた。秋風がざざっと竹の葉を鳴らした。それを追いかけるように、「うっふう、うっふう」と、うめき声がつづく。
キツネでもない、クマでもない。たしかに人間の苦しむうめきだ。旅では、人間よりこわいものはないと聞いている。牧人は武器《ぶき》は何一つ持っていない。市《いち》で買い物をするわずかな金が、ふところにあるだけだ。
牧人はモグラのように、頭を竹のかれ葉にうずめた。風がやむと、すべての音は消え、やみが急におそいかかってくるような気がした。牧人はいっそういいしれない不安におそわれた。くさったかれ葉は、ミミズのようなにおいがした。

にげだそうとしても、目の前のものさえ見えない暗やみ、こうしていれば夜ふけに何が出てくるかわからない。殺されるかもしれない。

牧人はふらふらっと立ちあがり、すぐ目の前の竹にすがりついた。こうして一本一本竹をたよっていけば、もときた道に出られるだろう。

牧人は竹に自分の命をたくすように、一本一本の竹にすがりつきながら歩きだした。六本目まできたとき、ざざあっと竹の葉が風にふるえた。

「うっふう、うっふう」といううめき声が、こんどは地の底から聞こえてきた。

牧人は竹に飛びつき、地上から足をはなした。風はその竹を大きくゆすり、牧人は力を失い、たちまちふり落とされた。するとうめき声は、はたとやみ、

「目が、目がいたい。」

という人間の声が聞こえてきた。

牧人は夜明け方、竹の落葉の中で、わずかの時間うとうとして目がさめた。朝の光が、竹やぶにななめにさしこみ、竹はつやつや光ってきた。

ゆうべのできごとはゆめのようであった。牧人はいそいで竹やぶを出た。道ばたにはススキが白く朝風にゆれていた。小鳥の声は牧人の耳をあらってくれた。

けれど、あの「うっふう」というふしぎなうめきは、耳の底深く残っていた。

「ゆめならいいが。だが、あの声はたしかに人間にちがいない。まあいい。旅にはいろんなできごとがつきものだという。しかたないことだ。」

牧人は、市の買いものを入れる大きな袋を、こわきにはさみ、竹やぶから目をそらし、ススキの光る小道を走った。

五十メートルほど行ったところで白い石のようなものが目についた。近づいてみるとどくろだった。

牧人の足はふるえ、歩くこともできず、どくろの前にぐずぐずっと、すわりこんでしまった。そして両手でひざをかかえ、その上に顔をふせ、目をつむった。

「もしかすると、ゆうべのあのうめき声は？」

心のおちつきを取りもどした牧人は、顔をあげてどくろを見た。くぼんだ目、出ばったあご。いかりも、悲しみも、笑いもすべて失ってころがっている。

なぜこんなところにあるのか。殺されたのか、道にまよい、うえ死にでもしたのか。どちらにせよ、気の毒などくろだ。

牧人はこう思い、目を近づけてじっとどくろを見た。すると、どくろの両目に、とがった竹がつきささっているのに気がついた。

「目が、目がいたい。」

あのさけびは、これだったのか。

牧人はどくろの目から竹をぬいた。そして、道ばたの小高いおかに穴を掘り、そこに埋《う》め、墓を作った。

その上、持っていた、わずかのほし飯《いい》をあげ、

「どうか安らかにねむってください。」

と、手を合わせておがんだ。

牧人はいそいで山をくだり、町の市《いち》で布《ぬの》や塩を買った。帰りは背におった荷物が重く、どくろの墓へついたころ、日がくれてしまった。

「またここで野宿《のじゅく》か。」

と思うと、気が重くなった。

どくろの墓によって、

「今夜もよろしくおねがいします。」

とおがみ、竹やぶにはいろうとした。するとうしろから、

「ちょっとお待ちください。」

と、呼びとめる声がした。

牧人はぎくっとした。ふりむくと商人風の若い男が、笑いながら近づいてきた。

「こわい者ではありません。ぜひあなたに、たのみたいことがあるのです。」

と、ことばやわらかくいった。

「わたしにできることなら、なんなりと……。」

「わたしはけさ、あなたに助けられた者です。」

「助けた？　わたしが？」

「ふしぎに思うのもむりはありません。わたしはあなたに、手あつくほうむっていただいたどくろです。これで成仏《じょうぶつ》できます。ほんとうにありがとうございました。」

「お、お礼なんて、わたしはあたりまえのことをしただけです。」

「町に市がひらかれるたび、いく人もの人がこの道をとおりました。そのだれもがわたしのどくろを見てにげだしました。中には、けとばす人もありました。

わたしは殺されて三年の間、雨風にさらされ、苦しみをじっとこらえてきました。けれど、目を竹やりでさされて殺されたとき、目に残った竹が、風が吹くたびにゆれ、いたくて、いたくて、どうしようもありませんでした。

おかげで、目のいたみがとれたばかりか、墓まで作ってくださり、なんとお礼を申しあげてよいかわかりません。」

「で、殺されたというが、だれにどのようにして。」

「はい、それでございます。じつはこの山むこうに飛田《ひだ》という村があります。村といっても山の中のこと、四十戸《こ》たらずの、小さな村です。この村では、アワ、ヒエぐらいしかとれないため、月に二度の町の市に着物、塩、野菜まで、買いだしに行かなければなりません。

三年前のちょうど今ごろのことでした。わたしはとなりの家のおじにつれられ、その市に出かけました。

おじは年をとって、あまり重い荷物はかつげません。わたしはとなり近所の人からもたのまれ、背おえるだけたくさんの品物を買って、おじといっしょにここまできました。

日はくれても、天気がよかったので、この竹やぶに野宿することにしました。ところがその夜、わたしがぐっすり寝こんでいるのを見たおじは、竹やりを作り、わたしの目につきさし、わたしを殺したのです。わたしの親には市《いち》で人さらいにさらわれた、とでもうそをいったのかもしれません。

かさねてのおねがいで、申しわけありませんが、両親にわたしがおじに殺されたことだけ、知らせてくださいませんか。」

「わたしの村と方向はちがうが、きっとさがしだし、お知らせしましょう。」

牧人がこういったとたんに、若者の姿はやみに消えてしまった。

その夜、牧人はゆうべと同じところに寝た。その夜は風が吹き、竹の葉がざわめいても、「うっふう」といううめき声も、目がいたいというさけびも聞かず、夜明けまでぐっすり寝ることができた。

翌朝、牧人は墓におまいりし、いそいで山をくだり飛田村へむかった。

なるほど小さな村である。家は東の山の中腹、西の森かげ、南のおかの上というように、はなればなれに何戸かずつかたまってあった。

牧人は村はずれの土橋の上に立ったとき、たずねる家の名を、聞かなかったことに気づいた。一軒一軒たずね歩くには、一日かかってしまう。

「どうしようか。」

牧人は腰をおろし、小川に遊ぶ小魚を見ながら考えこんでしまった。しばらくすると、氷のように冷たいものに手をつかまれた。

「何するんだ!!」

牧人は立ちあがり、あたりを見まわした。だれもいない。

「わたしについてきなさい。」

聞き覚えのある声が、目の前でした。だが姿は見えない。冷たいものは手をぐいぐいひっぱる。

やがて西の森かげにかたまっている何戸かのうちの、ある一軒の家の前まできた。すると、牧人の手から冷たいものがすっと消えた。

「あの手はどくろだったのか。」

牧人はその家の戸をたたいた。

「どなたじゃな。」

中から声がして、白髪《はくはつ》のおばあさんが戸をあけた。

「じつはあなたの子どもさんのことを、ちょっと耳にしたもんで。」

「せ、せがれめに、会ったというのかね。」

「はい、じつは……。」

「まあまあ、むさくるしいところじゃが、あがりなせえまし。」

おばあさんは、牧人をざしきにあげると、

「おまえさんや、せがれが、せがれが……。」

と、声をつまらせ、奥の部屋に声をかけた。

まっ白なあごヒゲのおじいさんが出てきた。そしてすぐ、

「ど、どこでせがれに会いなさった。」

「どんなかっこうしてただね。」

「わしらのこと、何かいってたかね。」

とやつぎばやに、両親は子どものことを聞きただした。

牧人は何から話しだしたらよいものか、まよった。考えこんでいると、

「せがれはいったい生きているんかね？」

と、父親は身をのりだし、口をとがらせて聞いた。

「殺されていました。」

牧人は下をむいて、小さな声でいった。

「こ、ころされた!!」

母親は、そでで顔をおおって泣きだした。

「やっぱりなあ。三年もおとさたなしだった。ふきつな気持ちが、いつも重く頭をおさえていたが、死んでいたのか。」

父親はがっくり肩をおとし、あごのヒゲをなぜた。

牧人は竹やぶの一夜のことから、けさのことまでかくすことなく、両親に話した。聞き終わると、父親はさっと立ちあがり、土間におりた。

「おまえさん、どこへ？」

「秋丸を呼んでくる。」

秋丸はどくろのいったおじさんのことで、すぐとなりに住んでいた。

「だっておまえさん、秋丸はあの子が小さいときから、自分の子のようにかわいがっていたんだよ。それがあの子を殺すなんて。」

「あいつは子どものときから、欲の皮のつっぱっていたやつだ。とにかく、呼んで調べてみる。」

父親ははだしのまま、牧人をつれ外へ飛びだした。その後に母親もついてきた。

「なんです。ふたりともそんなにかしこまって。」

「じつはな、わしのせがれのことだが、おまえは、町の市にいっしょに行って、帰りはひとりできたな。」

「そんな古い話、今さら、なんでもちだすんです。」

「しらばっくれるな。その帰りに、せがれを竹やぶの中で殺し、荷物をうばい、なにくわぬ顔をし、それを村の人たちに高い値《ね》で売ったではないか。」

「そ、そんなこと、でたらめだ。市で別れ別れになったまま、おれはその後のことは知らねえ。」

秋丸は、そっぽをむいていいはった。

「まあ聞け、ここに証人《しょうにん》がいる。かわいそうに、せがれはどくろになって、竹やぶに雨ざらしになり、風が吹くたび、目がいたい、目がいたいと泣いていた。おまえに竹やりでさされたとき、竹の先が目に残っていたのだ。死んでも死にきれなかったのだ。この人はそのどくろに会ったんだ。」

父親は牧人を指さし、さらにつづけた。

「どくろはおまえに殺されたと、はっきりいい、魂《たましい》となって、この人をここまで案内してくれたんだ。さあ、これでもうそだというのか。」

父親はかっと目をひらき、秋丸をにらみつけた。秋丸の手はふるえ、歯がかちかち鳴りだした。

「秋丸、ほんとうなんだね。うそじゃないんだね。」

母親は秋丸の肩に飛びつき、思いきりゆすった。

「申しわけねえ。」

秋丸はゆかに頭をすりつけてあやまった。

「この人でなしめ。」

母親は力いっぱい、秋丸のほおをなぐった。そして、わあっと泣きふしてしまった。

この泣き声はどくろにも聞こえたのにちがいない。牧人はそう思ってほっとした。

翌日、秋丸は村から追いだされた。

牧人は、

「世の中には、まったく思いがけないことがあるものだ。」

と、しみじみ思いながら、その家から去った。

＊参　考＊

どくろに関する話は、世界各国にかぞえきれないほどたくさんあります。日本で代表的なものは、『古事談』にある小野小町《おののこまち》の話です。美男、在原業平《ありわらのなりひら》が、奥州の八十島《やそしま》に行ったときのことです。夜、野道を歩いていると、

秋風の吹くたびごとにあなめあなめ

という歌の文句が聞こえる。業平はふしぎに思い、翌日そこへ行ってみると、どくろが道ばたにころがっていた。その目の穴にススキがはえている。業平は村人から、小町がここで死んだと聞き、あわれに思い、

小町とはいはじ薄生《すすき》ひけり

と、下の句をつけて、とむらったといいます。

この作品は、日本最古の仏教説話集、『日本霊異記《にほんりょういき》』（八二二年成立、景戒著）からとったものです。原文では「どくろすらなおかくの如し《ごとし》」と、恩を忘れたひとびとをいましめています。

著者紹介

名取三喜

群馬県桐生市に生まれる。1992年逝去。

著書：『放送台本集』編著　未明社
『酒匂川の少年』著　霞ヶ関書房
『子どものための５分間話』編著　黎明書房
『子どものよろこぶ歴史５分間話』編著　黎明書房
『子どものうちに聞かせたい仏教説話』著　黎明書房
『劇とあそび』編著　文教書院
『子どものよろこぶ鬼とてんぐの話』著　黎明書房
『教室一日一話』著　文教書院
『お化けと妖怪の話』著　文教書院
『動物の民話』著　文教書院
『歴史上の人びと』著　文教書院
『輾転の日々』著　渓水社
『給食がたのしくなる５分間話』著　黎明書房
『子どもの喜ぶ彦一・一休とんち話・ふしぎ話』著　黎明書房
『子どもの喜ぶ狸話・狐話・ふしぎ話』著　黎明書房

＊イラスト：岡崎園子

子《こ》どもの喜《よろこ》ぶ日本《にほん》のおばけ話《ばなし》Ⅰ

2011年10月20日　初版発行

著　者　名《な》　取《とり》　三《さん》　喜《き》
発行者　武　馬　久　仁　裕
印　刷　舟橋印刷株式会社
製　本　協栄製本工業株式会社

発　行　所　株式会社　黎《れい》　明《めい》　書《しょ》　房《ぼう》

460-0002 名古屋市中区丸の内3-6-27　EBSビル　☎052-962-3045
FAX 052-951-9065　振替・00880-1-59001
101-0051 東京連絡所・千代田区神田神保町1-32-2 南部ビル302号
☎03-3268-3470

落丁本・乱丁本はお取替します。　ISBN978-4-654-00263-4